W. Topsch

Mein Hund hat einen Kater

Einunddreißig (fast) wahre Geschichten
von Katze und Hund

Mit Zeichnungen
von Gerd Schmid

Thienemann

CIP-Kurztitelaufnahme der Deutschen Bibliothek

Topsch, W.
Mein Hund hat einen Kater
ISBN 3-522-13090-1

Gesamtausstattung Gerd Schmid in Stuttgart
Schrift Garamond Antiqua
Satz G. Müller
Druck Offsetdruckerei Gutmann + Co.,
beide in Heilbronn/N.
Einband Großbuchbinderei Wilhelm Röck in Weinsberg

Printed in Germany
5432

Inhalt

Geschichte Nr. 1
Wie alles angefangen hat

Wir haben einen Hund. Unser Hund heißt Philine. Aber das ist eigentlich kein Hundename. Deshalb nennen wir den Hund meistens nur Phil oder manchmal auch Phille. Philine nennen wir ihn eigentlich nie.

Unsere Nachbarn haben eine Katze und mit der Katze ist es genau wie mit unserem Hund: Sie heißt Veronika, aber das gefällt niemandem so richtig. Deshalb wird sie von allen Minka genannt.
Ich finde die Katze nett, und ich würde sie gern einmal streicheln oder auf den Arm nehmen. Aber unser Hund mag die Katze nicht. Er bellt und knurrt, wenn er sie sieht. Und manchmal, wenn die Minka durch unseren Garten läuft, dann rennt der Phil laut kläffend hinterher. Aber die Katze ist viel schneller als er.

Eines Tages hat die Nachbarin erzählt, daß ihre Katze Junge hat. Ich hätte die kleinen Katzen gern gesehen. Unsere Nachbarin hat aber nur gesagt: „Vielleicht später, wenn sie etwas älter sind.“

Als die jungen Katzen schon etwas größer waren, sind sie im Garten herumgelaufen. Und auf einmal ist eine kleine Katze durch den Zaun gekrochen und ist in unseren Garten herübergekommen.

„Paß auf, Kati!“ hat mein Vater gerufen.

„Paß auf, da kommt eine kleine Katze. Halte den Hund fest!“

Es war schon zu spät! Unser Phil ist zu der kleinen Katze gerannt. Aber er hat ihr nichts getan. Er hat sie beschnuppert. Hat sie mit der Schnauze ganz vorsichtig angestupst und hat ihr sogar ein bißchen über das Fell geleckt. Dann hat er sich auf den Rükken gelegt und hat mit der kleinen Katze gespielt. Wir haben alle gelacht, und mein Vater hat gesagt: „Phil, du bist ein komischer Hund.“ Dann habe ich die kleine Katze auf den Arm genommen und habe sie gestreichelt. Da hat sie richtig geschnurrt. Aber nur ganz leise.

Geschichte Nr. 2
Wie wir die kleine Katze geholt haben

Die Katzenmutter wohnte mit ihren Jungen hinter einem Holzstapel am Haus unserer Nachbarn. Die Nachbarin hat zu mir gesagt: „Die Katzenmutter hat die kleine Katze angefaucht, als sie wieder zurückkam. Die Katzenmutter will die kleine Katze nicht mehr haben.“

Am Abend habe ich das meinem Vater erzählt. „Sicherlich, weil sie nach unserem Phil gerochen hat“, hat mein Vater gesagt und hat weiter in der Zeitung gelesen. Plötzlich machte es leise „miau“. Da saß die kleine Katze auf unserer Terrasse. „Aber was machen wir nun?“ habe ich gerufen, „die kleine Katze verhungert, wenn sie keiner füttert. Die kleine Katze friert, wenn sie nicht zu ihrer

Mutter kann. Die kleine Katze hat vielleicht Angst, wenn es dunkel wird."

„Das ist ja schlimm", hat meine Mutter gesagt. Und zu meinem Vater hat sie geflüstert: „Am besten, wir holen das Kätzchen herein und behalten es." Mein Vater hat die Zeitung weggelegt und hat gelacht: „Von mir aus gern. Ich wollte immer schon eine Katze haben. Wißt ihr das nicht? Aber was wird der Phil dazu sagen?"

Ich habe unseren Hund gerufen und habe ihn gefragt: „Phil, was meinst du: Sollen wir die kleine Katze holen?" Unser Hund hat die Ohren hochgestellt und dazu gewedelt.

„Seht ihr", habe ich gesagt, „unser Hund ist auch dafür!"

In Wirklichkeit hat er natürlich nichts verstanden. Er wollte bestimmt nur spielen. Aber die kleine Katze haben wir trotzdem geholt.

Geschichte Nr. 3
Warum unsere Katze Glück gehabt hat

Die kleine Katze hat Glück gehabt, daß wir sie genommen haben. Ein paar Tage später hat unsere Nachbarin nämlich alle jungen Kätzchen fortgegeben.
„Wohin?“ habe ich gefragt.
„Auf einen Bauernhof“, hat die Nachbarin geantwortet.
„Und auf welchen Bauernhof?“ habe ich weitergefragt, denn wir wohnen am Stadtrand, und hier gibt es gar keine Bauernhöfe.
„Das brauchst du nicht zu wissen“, hat die Nachbarin gesagt. „Den kleinen Katzen geht es jedenfalls gut. Und wir konnten sie auf keinen Fall behalten. So ist das nun mal.“
Und dann ist sie einfach fortgegangen.

Ich bin nach Hause gelaufen und habe gerufen: „Mami, die kleinen Katzen sind fort. Sie sind alle fort.“ Da hat meine Mutter das Kätzchen auf den Arm genommen und hat mit ihm geschmust. Unsere kleine Katze hat geschnurrt und hat eine Pfote auf Mamis Nase gelegt.
„Halt bloß deine Krallen bei dir“, hat meine Mutter gesagt. Aber die kleine Katze wollte gar nicht kratzen.
„Ich glaube, die will dich streicheln“, habe ich geflüstert.
„Ich glaube, die Katze hat dich gern.“ Dann ist die Katze vom Arm gesprungen.
Sie ist zu ihrem Futtertopf gegangen und hat „miau“ gesagt.

Meine Mutter hat gelacht: „Und ich glaube“, hat sie gesagt, „die kleine Katze denkt nur ans Fressen!“
Dann habe ich ihr ein bißchen Milch gegeben.
„Aber nur ein bißchen“, hat meine Mutter gerufen, „die Katze hat nämlich Durchfall.“

Geschichte Nr. 4
Wie der Hund den Tierarzt gebissen hat

Früher hatte unser Hund immer Angst vor dem Tierarzt. Einmal hat er sogar nach dem Tierarzt geschnappt. Da hat sich der Tierarzt drei rote Kreuze auf Phils Karteikarte gemacht.

„Damit ich weiß, daß der Hund gefährlich ist", hat der Tierarzt dabei gesagt. Und dann hat er unserem Hund eine Spritze gegeben und hat ihn erst untersucht, als er eingeschlafen war.

Mein Vater hat sich alles schweigend angeschaut, aber man konnte sehen, daß er wütend war. Beim Abendessen hat er gesagt: „Das liegt nur am Tierarzt. Ich glaube, der macht unseren Hund nervös."

„Vielleicht hat er Angst vor Hunden!" habe ich gerufen. Mein Vater hat erst noch einen Schluck Tee getrunken, und dann hat er gesagt: „Kann sein."

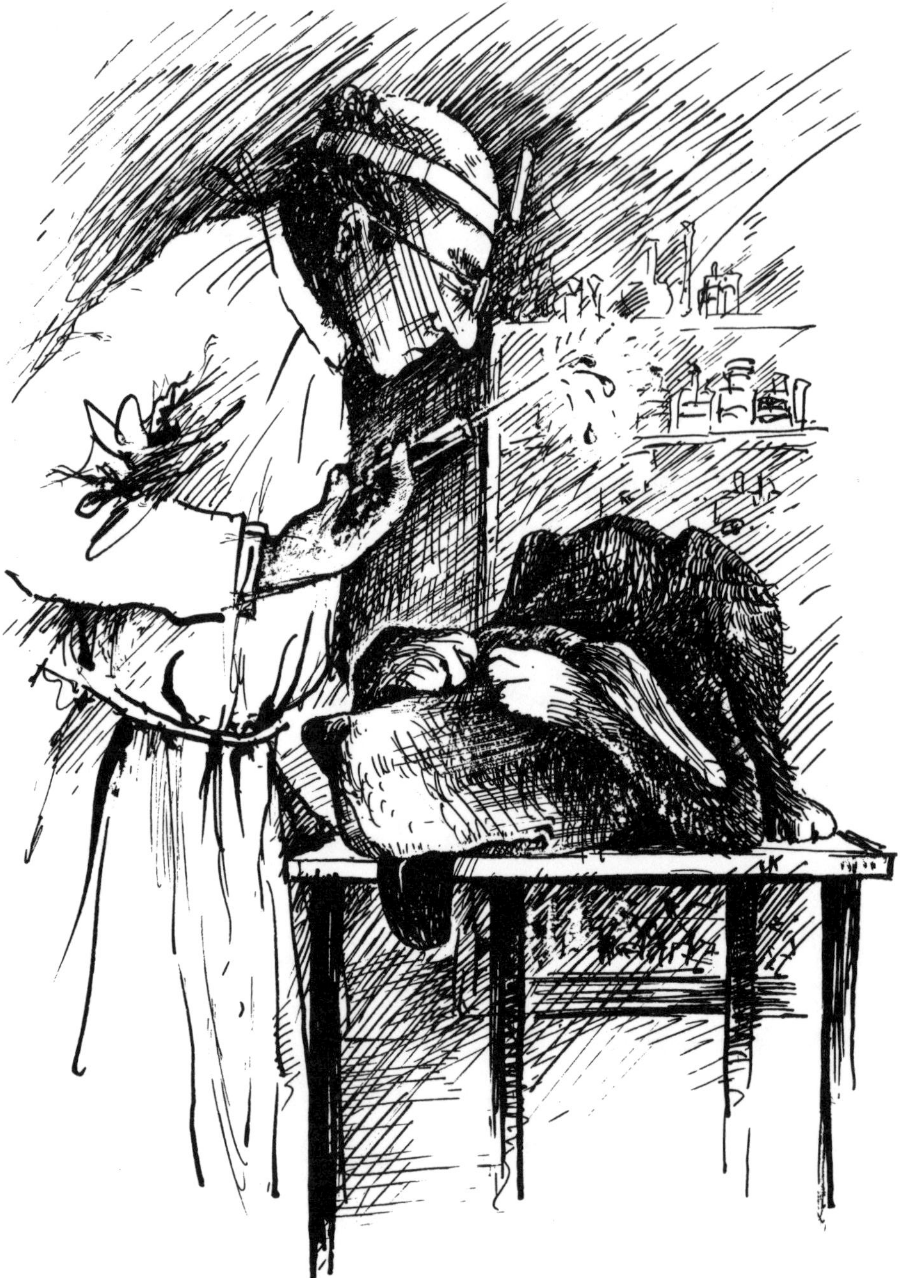

Jetzt gehen wir zu einem anderen Tierarzt. Das ist schon ein alter Mann. Das erste Mal waren wir bei ihm, als unser Hund eine Augenentzündung hatte. Meine Mutter hat gesagt: „Vorsicht, der Hund hat schon mal einen Tierarzt gebissen."
Der Tierarzt hat sich auf einen Stuhl gesetzt und hat den Phil an seinen Händen schnüffeln lassen.
„Der hat nur Angst", hat der Doktor gesagt, „das ist normal. Wenn ich ein Hund wäre, hätte ich vielleicht auch vor dem Tierarzt Angst." Und dann hat er unseren Hund untersucht. Dabei hat er die ganze Zeit mit ihm gesprochen.

Dann hat er Augentropfen aus seinem alten Arzneischrank genommen.
„So", hat er zum Phil gesagt, „das sind Kamille-Tropfen. Die sind gut für deine Augen. Die sind gesund. Schau mal", hat er gesagt, „die nehme ich sogar selbst."
Dann hat er den Kopf schief gehalten und hat sich selbst Kamille-Tropfen in die Augen gegeben.
Unser Phil hat ganz neugierig zugeschaut und hat

sich überhaupt nicht gewehrt, als er danach dran war.
Am Abend habe ich alles meinem Vater erzählt. Und der hat laut gelacht und hat gesagt: „Kati, das dürfen wir niemandem weitererzählen. Das glaubt uns doch kein Mensch!"

Geschichte Nr. 5
Was der Tierarzt zu unserer Katze gesagt hat

Mit der Katze sind wir auch zu dem netten Tierarzt gegangen. Unser Hund durfte mit. Zuerst hat der Tierarzt unseren Phil begrüßt, dann hat er unsere Katze auf den Arm genommen und hat sie gestreichelt.
„Na, du kleines Kerlchen", hat er dabei gefragt, „was ist mit dir los?"
„Die Katze hat Durchfall", habe ich gesagt. Dann hat der Tierarzt die Katze untersucht.

„Aber das ist gar keine Katze", hat er danach zu mir gesagt.
„Wieso?" habe ich gerufen, „was soll das heißen? Natürlich ist das eine Katze. Das sieht doch jeder."
„Nein", hat der Tierarzt gelacht, „das ist keine

Katze, und bei einem so jungen Tier sieht das nicht jeder."
„Aber wenn das keine Katze ist, was ist das dann?"
Der Tierarzt hat noch mehr gelacht und hat gesagt:
„Ein Kater."

Und zu meiner Mutter hat er gesagt, daß der Kater Würmer hat und daß wir zu Hause eine Wurm-Kur mit ihm machen müssen. Dann hat er dem Kater eine Spritze gegen Katzenkrankheiten gegeben. Ich dachte immer: Wenn man eine Spritze bekommt, dann tut das weh. Aber unser Kater hat überhaupt nicht gezuckt. So sachte hat ihm der Tierarzt die Spritze gegeben.
Ganz zum Schluß hat der Tierarzt gesagt:
„Der Kater braucht Vitamine." Dabei hat er ihm eine braune Vitamincreme auf eine Vordertatze geschmiert.
„Nun leck das mal schön ab", hat er zu unserem Kater gesagt. Und mir hat er erklärt: „Die Creme schmeckt den Tieren nämlich gut. Die meisten Tiere mögen sie sogar sehr gern."

Unser Kater hat nur daran geschnuppert. Danach hat er die Pfote ganz schnell geschüttelt, aber die Creme ging nicht ab. Und dann ist er vom Tisch gesprungen und ist zu unserem Hund gelaufen, und der Phil hat die Creme abgeleckt.

Wir haben alle gelacht, und der Tierarzt hat zu mir gesagt: „Na, siehst du, die meisten Tiere mögen die Creme gern!"

Geschichte Nr. 6
Wie mein Vater die Katze nennt

Am nächsten Tag habe ich meinem Vater erzählt, daß unsere Muschi keine Katze ist, sondern ein Kater.
„Das macht nichts", hat mein Vater gesagt, „unser Hund ist ja auch kein Hund, sondern eine Hündin."
„Also", habe ich gerufen, „dann haben wir in Wirklichkeit keinen Hund und keine Katze, sondern eine Hündin und einen Kater."
„Ja", hat mein Vater gesagt, „aber das ist mir zu umständlich. Ich glaube, die nehmen es uns nicht übel, wenn wir sie auch weiterhin Hund und Katze nennen."
„Aber sollen wir die Katze wirklich Muschi rufen, obwohl sie ein Kater ist?" habe ich gefragt. „Wäre Muschka nicht besser?"

„Von mir aus“, hat mein Vater gebrummt, „ich nenne sie sowieso nur Musch.“
Aber das stimmt gar nicht. Manchmal sagte er „Muschelchen“ oder „Muscheline“ oder „Wuschelchen“ oder „Schnuffelchen“ oder „Teddybärchen“ oder „Miss“ oder „Mister“ oder „Mistvieh“ (aber das sagte er nur im Spaß) oder „na, du kleiner Tiger“. Und dann nimmt er sie auf den Arm und krault ihr den Bauch.

Geschichte Nr. 7
Wie die Katze Salbe fressen sollte

Für die Wurm-Kur hat uns der Tierarzt eine weiße Salbe mitgegeben. Die sollte die Katze fressen, damit die Würmer weggehen. Aber unsere Katze wollte keine Salbe fressen. Da haben wir ihr die Salbe in das Futter gemischt. Aber die Katze hat gleich gemerkt, daß etwas nicht stimmt. Sie hat das Futter stehenlassen, und am Abend hat unser Hund den Teller leer gefressen.

Am nächsten Tag hat meine Mutter gesagt:

„Katzen fressen gern rohe Eier."

Und dann hat sie die Wurm-Salbe auf den Teller gegeben und ein rohes Ei darüber geschüttet. Die Katze hatte Hunger und hat gleich angefangen, das Ei zu fressen.

„Na, seht ihr", hat meine Mutter gerufen, „so geht es!"

Aber die Katze hat bald gemerkt, daß mit dem Ei etwas nicht stimmte und hat es auch stehenlassen. Und am Abend hat unser Hund wieder den Teller leer gefressen.
„Also, der hat bestimmt keine Würmer!“ habe ich gerufen.

Mein Vater hat gesagt: „So geht es aber nicht! Jetzt werde ich der Katze die Wurm-Salbe direkt auf die Zunge schmieren. Dann muß sie sie herunterschlucken.“ Er hat sich ein Paar alte Lederhandschuhe aus dem Schrank geholt.

„Damit mich die Katze nicht kratzt“, hat er mir erklärt. Dann hat er die Katze mit der einen Hand im Nacken festgehalten und mit der anderen Hand hat er versucht, ihr die Salbe in den Mund zu schmieren. Aber es ging nicht. „Das wird in hundert Jahren nichts“, hat mein Vater geschimpft. „Ich brauche ein flaches Hölzchen dafür.“
Da bin ich zum Kühlschrank gegangen und habe mir ein Eis am Stiel herausgenommen. Als ich das

Eis geschleckt hatte, habe ich meinem Vater das Stäbchen gegeben.
„Das ist genau richtig", hat er gerufen.

Von da an habe ich eine Woche lang jeden Abend ein Eis am Stiel gegessen, und die Katze hat jeden Abend die Salbe in den Mund geschmiert bekommen. Und mein Vater hat sich jedesmal bei der Katze entschuldigt und hat ihr nach der Salbe ein Ei auf den Teller gegeben.
„Damit sie nicht das Vertrauen zu mir verliert", hat er dabei gesagt.
„Also, ich finde die Wurm-Kur prima!" habe ich gerufen.
„Ja, du", hat meine Mutter gesagt, „für dich ist das ja auch die reinste Eis-Kur!"

Geschichte Nr. 8
Wer die größte Schmusekatze ist

„Paß auf!“ hat mein Vater früher oft gesagt, „Katzen sind gefährlicher als man denkt.“
Und mein Vater sagt auch, daß er sich mit Katzen auskennt. Er hat nämlich als Kind auch eine Katze gehabt. „Wenn sich die Katze aufregt, bekommt sie einen ganz dicken Schwanz. Und wenn sie faucht oder einen dicken Schwanz hat, dann darfst du sie nicht anfassen!“
„Aber die Katze ist doch lieb. Die will doch spielen. Die kratzt mich nie. Höchstens mal, wenn sie von meinem Arm herunterspringt“, habe ich geantwortet.
„Ja, jetzt noch“, hat mein Vater gesagt, „aber nimm dich in acht, wenn sie älter wird!“
Aber unsere Katze ist immer netter geworden. Wenn sie mich sieht, dann stellt sie den Schwanz

ganz hoch und streicht um meine Beine. Dann nehme ich sie auf den Arm und streichle sie. Und die Katze schnurrt und schnurrt.

Unser Hund ist auch nett. Mit dem kann ich auch viel spielen. Aber auf den Arm nehmen kann ich unseren Hund nicht. Dafür ist er viel zu groß.

„Du mußt aber auch den Phil streicheln", hat meine Mutter einmal zu mir gesagt, „sonst wird er traurig."
Meine Mutter sagt immer, daß sie sich mit Hunden auskennt. Sie hatte nämlich als Kind auch einen Hund gehabt.

Manchmal sitze ich im Wohnzimmer auf dem Teppich. Und mein Hund liegt links neben mir. Und meine Katze liegt rechts neben mir.
Und ich streichle sie beide.
Dann schnufft der Hund zufrieden, und die Katze schnurrt zufrieden, und ich sitze mittendrin.
„Na", hat mein Vater einmal zu mir gesagt, „wer ist denn hier die größte Schmusekatze?"
Und ich habe „miau" gemacht. Dann haben wir gelacht. Und mein Vater hat gesagt: „Wasch dir bloß hinterher anständig die Hände!"

Geschichte Nr. 9
Wie Hund und Katze

„Wie geht das denn bloß, mit Katze und Hund?“ hat unsere Nachbarin einmal gefragt.
„Gut geht das!“ habe ich über den Zaun gerufen. Und meine Mutter hat gesagt: „Unser Phil ist ja so ein guter Hund, und die Katze war ja noch so klein. Da haben wir uns nie Sorgen gemacht. Wir wußten immer, daß das gut geht. Aber daß es sooo gut gehen würde, das hätten wir nicht gedacht.“

Das stimmt aber auch. Unser Hund und unsere Katze haben sich richtig gern: Wenn die Katze nach Hause kommt, dann beschnüffelt der Phil sie, und die Katze streicht an unserem Hund vorbei und schnurrt. Und wenn sie Hunger haben, dann setzen sie sich zusammen in die Küche. Muschka macht dann „miau“, und Phil wartet, daß es etwas zu es-

sen gibt. Phil erlaubt es sogar, daß das Katerchen manchmal von seinem Teller frißt.
„Also, das hätte ich wirklich nicht gedacht", hat mein Vater gerufen, als er das zum ersten Mal gesehen hat.

Oft spielen Hund und Katze auch zusammen: Meistens fängt die Katze an. Dann versteckt sie sich hinter einem Sessel. Wenn dann der Hund vorbeikommt, dann gibt sie ihm ein paar kleine Klapse mit den Vorderpfoten und flitzt hinter den Puppenwagen. Der Hund hinterher. Von dort hinter die Gardine, hinter einen anderen Sessel und zum Schluß unter das Sofa. Und der Hund immer hinterher. Nur unter das Sofa kann er nicht. Dafür ist er zu groß. Dann mieft er solange, bis die Katze wieder hervorkommt.

Einmal hatte ich im Kindergarten mit meiner Freundin Sandra Streit. Da hat unsere Kindergärtnerin, Frau Ruhland, gesagt: „Ihr benehmt euch wie Hund und Katze!"

Zuerst war ich noch wütend, aber dann bin ich zu Sandra gegangen und habe ihr etwas ins Ohr geflüstert.
Und Sandra hat gelacht und genickt. Dann haben wir uns gestreichelt und haben uns vertragen und haben ganz schön miteinander gespielt.

„Was ist denn mit euch auf einmal los?“ hat Frau Ruhland gefragt. Aber wir haben nur gekichert. Und als sie noch mal gefragt hat, haben wir gerufen: „Wir benehmen uns wie Hund und Katze! Die mögen sich nämlich!“

Geschichte Nr. 10
Wie mein Vater fast verhungert ist

Die Katze sitzt gern auf der Fensterbank und schaut hinaus. Deshalb haben wir im Arbeitszimmer von meinem Vater eine kleine Decke auf die Fensterbank gelegt.
Die Decke ist rot.
„Katzen mögen nämlich rot", hat meine Mutter gesagt. Aber ich glaube, daß die Katze die Decke mag, weil sie warm und weich ist.
Wenn die Katze auf die Fensterbank will, springt sie zuerst auf den Schreibtisch meines Vaters. Dann steigt sie über die Bücher, über die Schreibmaschine und was sonst noch so auf dem Schreibtisch herumliegt. Manchmal findet sie die Sachen aber auch so interessant, daß sie auf dem Schreibtisch bleibt und meinem Vater bei der Arbeit zusieht.

Und mein Vater spielt dann immer ein bißchen mit der Katze.
Aber wenn er weiterarbeiten will, stört die Katze. Dann legt sie sich auf das Schreibpapier, oder sie setzt sich auf die Bücher, aus denen mein Vater abschreibt, oder sie rollt Bleistifte vom Tisch.
„He, du Spitzbube", hat mein Vater gesagt, „da kann ich ja gleich auf dem Spielplatz arbeiten."
Und er hat die Katze vom Schreibtisch heruntergesetzt.
Aber die Katze wollte nicht aufhören.
Sie wollte weiterspielen.
Sie hat sich nur kurz geduckt und ist schnell wieder auf den Schreibtisch gesprungen.

Diesmal hat sie den Radiergummi heruntergerollt. Und mein Vater hat die Katze wieder heruntergesetzt, aber die Katze ist gleich wieder hochgesprungen. Und dabei ist ein Teil des Schreibpapiers heruntergefallen.
„Na gut", hat mein Vater zu der Katze gesagt, „dann kannst du ja die Bücher auch noch herun-

terwerfen. Und ich setze mich unter den Schreibtisch und arbeite dort weiter."
Da habe ich gerufen: „Oder du räumst deinen Schreibtisch auf, damit die Katze auch Platz hat!"
Auf dem Schreibtisch liegen die Sachen nämlich immer kreuz und quer durcheinander.
„Hm", hat mein Vater gemacht. Er hat die Katze noch einmal heruntergesetzt, hat die Sachen vom Boden aufgehoben und hat den Schreibtisch aufgeräumt.
Aber jetzt wollte die Katze nicht mehr spielen. Sie ist zu meinem Vater auf den Schoß gesprungen, hat sich zusammengerollt und wollte schlafen.
Da hat mein Vater gelacht: „Na, wenigstens habe ich mal meinen Schreibtisch aufgeräumt." Dann hat er zum Spaß seine Jacke zugeknöpft. Die Katze ist ganz ruhig liegengeblieben. Sie war jetzt nicht mehr zu sehen. Nur noch zu hören, weil sie so laut geschnurrt hat.
Als mein Vater wieder anfangen wollte zu arbeiten, ist meine Mutter gekommen. Sie wollte uns zum Essen holen.

„Das ist gut“, hat mein Vater gesagt, „ich bin nämlich schon fast verhungert. Hör mal, wie mein Magen knurrt!“
Dann sind wir ganz leise gewesen. Nur die Katze hat geschnurrt.
„Ja, tatsächlich“, hat meine Mutter gerufen, „jetzt höre ich es auch. Komisch ist nur, daß du so einen dicken Bauch hast!“
Wir haben alle gelacht.
Da ist die Katze aufgestanden, hat den Kopf oben aus der Jacke herausgestreckt und hat gegähnt.

Geschichte Nr. 11
Warum die Katze Klavier gespielt hat

Bei Tag schläft unsere Katze viel.
Dann liegt sie auf dem Sessel oder auf dem Sofa oder auf der Fensterbank. Und sie steht nur auf, wenn sie etwas zu fressen haben will.
Der Phil schläft auch viel.
Aber er liegt immer auf dem gleichen Sessel. Den nennen wir den Hundesessel. Wenn wir Besuch haben, müssen wir immer sagen: „Nein, nicht dorthin sitzen. Der Sessel gehört dem Hund!"
Und wenn wir es einmal vergessen, und doch jemand im Hundesessel sitzt, dann legt sich der Phil auf den Teppich und schnauft und seufzt und stöhnt so lange, bis wir merken, was los ist.
Am Abend wird die Katze munter. Sie will fressen und spielen, und sie rennt nur so zum Spaß durch

die Wohnung. Früher ist sie auch manchmal an der Gardine hochgeklettert. Da hat mein Vater geschimpft.
„Wieso?" habe ich gerufen, „die Katze will doch bloß schaukeln!" Eigentlich ist die Gardine davon gar nicht kaputtgegangen.
Mein Vater hat trotzdem gesagt: „Die Katze soll sich draußen austoben. Eine Katze braucht nachts frische Luft."

Meine Mutter war aber dagegen, daß die Katze nachts rausgeht. Sie hat gesagt: „Wenn die sich ausgetobt hat, dann will sie wieder rein, und ich habe keine Lust, mitten in der Nacht aufzustehen." Deshalb sollte die Katze nachts im Haus spielen. Aber das ging nicht gut. Sie warf Blumenvasen um, spielte auf den Fliesen in der Diele mit ihrem Tischtennisball und machte Krach, und da konnten wir auch nicht schlafen.
Einmal ist die Katze in der Nacht auf das Klavier gesprungen und ist über die Tasten gelaufen.
Da haben wir uns sehr erschrocken, weil plötzlich

das Klavier spielte, obwohl wir schon alle im Bett lagen.
Ich habe geflüstert: „Sind das Einbrecher?“
Mein Vater hat gelacht und hat gesagt: „Die sind aber nicht sehr musikalisch.“ Und dann ist er aufgestanden und hat die Katze rausgelassen.
„Eine Katze braucht nachts frische Luft“, hat er gesagt und daß er sich mit Katzen auskennt.
Aber nachts um halb drei hat die Katze so lange miaut, bis meine Mutter sie wieder reingelassen hat.

Kurze Zeit später haben wir für unsere Katze einen Schlafplatz in der Garage eingerichtet.
Wir haben einen großen Pappkarton genommen und eine warme Decke hineingelegt. Ob unsere Katze wirklich darin schläft, weiß ich nicht.
Jedenfalls geht sie seither jeden Abend fort und kommt erst morgens zurück.

Geschichte Nr. 12
Wie die Katze eine Maus gefangen hat

Wenn ich wach werde, gehe ich immer ins Schlafzimmer zu meinen Eltern und frage: „Soll ich den Rolladen hochziehen?"
Und mein Vater sagt: „Ja, aber dann mußt du auch die Katze reinlassen."
Meine Mutter sagt nichts, die schläft noch. Wenn die Katze hört, daß die Rolladen hochgezogen werden, kommt sie immer. Wenn ich die Tür aufmache, dann begrüßt mich die Katze. Sie sagt dann: „Mirrr." Deshalb nennen wir sie manchmal auch Mirr oder Murr.

Eines Morgens kam die Katze auch. Sie lief geduckt. Mit vielen kleinen Schritten. Ihre Augen waren ganz groß und rund.

Und im Maul hatte sie … „Mami, Papi!“ habe ich gerufen, „kommt mal schnell! Die Katze hat eine Maus gefangen!“
„Laß bloß die Tür zu!“ hat mein Vater aus dem Schlafzimmer gebrüllt. Und dann kamen sie beide angerannt.
Meine Mutter hat immer „sch-sch“ gemacht. Aber die Katze ist nicht weggegangen.

Von der Maus konnte man gar nicht viel sehen: Auf der einen Seite guckte ein bißchen vom Kopf heraus und die Vorderbeine. Auf der anderen Seite hing der Mauseschwanz herunter.
Ich hätte gern gewußt, ob die Maus noch lebte. Und mir tat die Maus leid. Dann hat mein Vater die Tür aufgemacht, und hat die Katze weggescheucht.

Diesmal kam die Katze erst am Nachmittag wieder. Da hat mein Vater sie auf den Arm genommen und hat gesagt: „Na, du Mäusekiller, bist du noch beleidigt?" Dann hat er sie gestreichelt und geflüstert: „Hat die Maus geschmeckt?"
„Hu! Ekelhaft!" hat meine Mutter gerufen.
Aber mein Vater hat gelacht: „Na, und? Sei du mal eine Katze! Dann denkst du anders darüber."
Da habe ich gesagt: „Und du, sei du mal eine Maus!"
Mein Vater hat der Katze Milch gegeben und hat gesagt: „So ist das nun eben mal."

Geschichte Nr. 13
Womit wir die Tiere füttern

Früher bekam unser Hund nur einmal am Tag etwas zu fressen. Nämlich am Abend.
Dann bekam er seinen Futtertopf ganz voll, und das reichte ihm. Die Katze will viermal oder fünfmal am Tag etwas zu fressen. Aber sie nimmt nur frisches Futter. Wenn noch altes Futter auf ihrem Teller liegt, dann frißt sie es nicht, sondern bettelt so lange, bis sie neues bekommt. Und der Hund bekommt auch jedesmal etwas.
„Aber nur ein bißchen", hat meine Mutter gesagt, „sonst wird er zu dick!"
Zuerst hatten wir für die Katze Katzenfutter in Dosen, und der Phil hat auch immer das Katzenfutter bekommen. Das hat er sehr gern gefressen.
Aber mein Vater hat gesagt: „Phil, du stinkst nach Fisch!"

Dann bekam der Phil wieder Hundefutter aus der Dose, und die Katze bekam Katzenfutter aus der Dose. Aber da hat meine Mutter gesagt: „Das wird mir zu viel. In unserem Kühlschrank riecht es schon wie in einem Zoo."
Und ich habe gerufen: „Dann gib der Katze doch mal Hundefutter!"
Meine Mutter hat mit der Schulter gezuckt und hat gesagt: „Versuch's!"
Ich habe die Dose mit dem Hundefutter geholt und habe der Katze Hundefutter auf ihren Teller gegeben.
Dann habe ich „sss-sss" durch die Zähne gemacht. Das hat mein Vater der Katze beigebracht. Er hat zu mir gesagt: „Das ist das Futtersignal für die Katze. Das darfst du nur machen, wenn du ihr Futter gibst. Sonst kommt sie umsonst angelaufen und ist enttäuscht. Dann verlernt sie das Futtersignal wieder."
Gleich nachdem ich sie gelockt hatte, kam die Katze angerannt und hat auf ihren Teller geguckt. Sie hat an dem Hundefutter geschnuppert.

Dann hat sie es aufgefressen.
Und dann hat sie sich brav vor ihren Teller gesetzt, hat den Kopf nach oben gedreht und hat „miau" gesagt. Da habe ich ihr noch mehr Hundefutter gegeben.
Und meine Mutter hat gelacht und hat gerufen: „Also so eine komische Katze – fehlt nur noch, daß sie bellt!"

Geschichte Nr. 14
Was ich von Hunden und Katzen weiß

Unsere Katze leckt sich oft das Fell. Manchmal leckt sie auch ihre Vorderpfote naß und streicht sich damit über den Kopf und über die Ohren. „Sieh mal", hat meine Mutter gesagt, „jetzt macht sie eine Katzenwäsche!"

Mein Vater hat mir erklärt, warum sich die Katze so oft leckt: „Die Katze pflegt ihr Fell. Sie leckt sich die alten Haare heraus. Und wir brauchen sie nicht zu bürsten. Außerdem will die Katze nicht, daß sie nach irgendwas riecht. Katzen jagen nämlich anders als Hunde. Sie schleichen sich an ihre Beute heran. Oder sie hocken sich in die Nähe eines Mauseloches und warten so lange, bis die Maus herauskommt. Da ist es klar, daß die Katze nach nichts riechen darf. Sonst merkt die Maus es und bleibt lieber im Versteck."

„Und wie jagen Hunde?" habe ich gefragt. Meine Mutter hat gelacht: „Unser Hund jagt in der Küche immer das Dosenfutter. Aber wildlebende Hunde oder Wölfe jagen ihre Beute anders. Sie verfolgen einen Hasen oder ein anderes Tier und hetzen es so lange, bis es müde wird und nicht mehr wegrennen kann."

„Aber das ist doch gemein!" habe ich gerufen.

„Nein, Kati", hat meine Mutter gesagt, „sie jagen ihre Beute ja nicht zum Vergnügen, sondern weil sie Hunger haben. Jedenfalls kommt es für die Hunde darauf an, daß sie schnell laufen können und dabei nicht müde werden. Ob sie ein bißchen stinken, ist ihnen ziemlich egal. Nicht wahr, Phil?"

Unseren Hund müssen wir jeden Tag bürsten. Und gebadet werden muß er auch von Zeit zu Zeit. Wenn der Hund durch den Regen gelaufen ist und ein nasses Fell hat, dann riecht er besonders stark.

„Aber Hunde haben eine sehr feine Nase", hat meine Mutter weitererklärt, „sie können viel mehr riechen als wir. Sie riechen zum Beispiel eine frische Spur und können ihre Beute verfolgen, ehe sie sie gesehen haben."

„Toll!" habe ich gerufen. Und ich habe mir die

Nase von unserem Hund angesehen. Sie ist ziemlich groß. Die Nase der Katze ist viel kleiner.
„Für die Katze sind die Augen das Wichtigste", hat mein Vater gesagt. „Katzen können viel besser sehen als Menschen. Vor allem in der Dämmerung und im Dunkeln."
„Das habe ich mir schon gedacht", habe ich gesagt, „weil die Katze am Abend immer hinaus will."

Dann hat mein Vater mir noch etwas über die Katzenkrallen erzählt: „Katzenkrallen sind immer scharf und spitz wie kleine Messer. Dafür sorgt die Katze selbst. Sie macht regelmäßig Krallenpflege. Das heißt, sie kratzt mit den Vorderpfoten an der Rinde von Bäumen, bis die Krallen scharf sind. Die Katze kann die Krallen herausstrecken oder einziehen. Das ist praktisch. Denn erstens kann sie mit eingezogenen Krallen leiser schleichen und zweitens werden die scharfen Krallen geschont. Sie werden nicht so schnell stumpf."
Manchmal will die Katze ihre Krallen auch an unserem Teppichboden oder am Sofa schärfen. Aber

das darf sie nicht. Wenn die Katze etwas nicht tun soll, dann machen wir „sch, sch“ und klatschen dabei in die Hände. Darüber erschrickt sich die Katze, und sie läuft weg.
So lernt sie, was sie darf und was nicht.

„Hunde und Katzen können übrigens viel besser hören als Menschen“, hat mein Vater dann noch gesagt. Meine Mutter hat gelacht.
„Wirklich toll, Papa“, hat sie gerufen, „was du alles über unsere Tiere weißt! Willst du etwa ein Buch darüber schreiben?“
„Ach was“, hat mein Vater gesagt, „ich will kein Buch schreiben. Aber ich habe ein Buch darüber gelesen. Ich finde es nämlich gut, wenn man über seine Tiere Bescheid weiß.“

„Also, daß die beiden gut hören können“, habe ich gerufen, „das habe ich vorher auch schon gewußt. Das merkt man, wenn man die Kühlschranktür aufmacht! Dann kommen sie nämlich gleich angerannt. Aber ich weiß noch etwas, das nicht in dei-

nem Buch steht“, habe ich zu meinem Vater gesagt. „Ich weiß, daß sich Phil und Muschka wunderbar streicheln lassen.“
Und dann habe ich die beiden in die Küche gelockt und habe ihnen ein bißchen Futter zur Belohnung gegeben – weil sie immer so lieb sind.

Geschichte Nr. 15
Wie wir Weihnachten gefeiert haben

Zu Weihnachten ist es immer sehr schön. Dann bauen meine Eltern im Wohnzimmer ein Kinderhäuschen aus Pappe auf. Darin spiele ich mit meinen Puppen. Daneben steht ein Tannenbaum mit Kerzen und Kugeln und viel Lametta. Und außerdem essen wir zu Weihnachten immer viele Süßigkeiten.
Für die Katze war Weihnachten auch sehr schön. Sie hat sich immer in meinem Papphaus versteckt, und wenn ich durch die Haustür zu ihr hineingeschaut habe, dann ist sie durch das Fenster hinausgehüpft.
„Die spielt ja richtig mit dir", hat meine Mutter gesagt.
Als mein Vater den Tannenbaum ins Zimmer geholt hatte, hat die Katze lange den Baum beschnup-

pert und dann hat sie angefangen, ihre Krallen am Baumstamm zu schärfen.
„Papa, die Katze macht Krallenpflege!“ habe ich gerufen. Da hat mein Vater sie weggescheucht.
Als der Tannenbaum geschmückt war, hat die Katze angefangen, mit dem Lametta zu spielen.
„Das geht aber nicht!“ hat meine Mutter gerufen und hat „sch-sch“ gemacht.
Aber gleich danach ist die Katze wieder zum Tannenbaum gelaufen und hat mit der Tatze Weihnachtskugeln angestubst. Das sah wirklich sehr lustig aus. Und wir haben alle darüber gelacht.

Mein Vater hat gesagt: „Das ist ja viel zu gefährlich.“ Wir haben nämlich richtige Kerzen, und wenn der Baum einmal umfällt, dann kann unser ganzes Zimmer brennen. Deshalb haben wir zu Weihnachten immer einen Feuerlöscher hinter dem Sofa liegen. Dann hat mein Vater gesagt, daß er es der Katze abgewöhnen muß, am Baum zu spielen. Er hat seinen Pantoffel ausgezogen und hat damit nach der Katze geworfen.

Ich habe mich erschrocken.
Meine Mutter hat sich erschrocken.
Unser Hund hat sich erschrocken.
Und die Katze hat sich auch erschrocken und ist schnell in das Kinderhaus geflitzt.
„Gut, daß du sie nicht getroffen hast!“ habe ich gerufen.
Und mein Vater hat gesagt: „Ich habe doch absichtlich daneben gezielt.“ Bald danach ist die Katze wieder aus dem Haus gekommen. Aber sie ist nicht mehr an den Baum gegangen.

Dann haben wir gesungen: „Alle Jahre wieder“ und „Am Weihnachtsbaum die Lichter brennen“ und „Ihr Kinderlein kommet“ und „Stille Nacht, heilige Nacht“. Und mein Vater saß da und hatte die ganze Zeit seinen Pantoffel in der Hand.

Geschichte Nr. 16
Wo die Katze zu Silvester war

Ein paar Tage nach Weihnachten hat meine Mutter gesagt: „Heute schicken wir die Katze früh nach draußen, und wenn sie zurückkommt, sperren wir sie ein."
„Wieso willst du die Katze einsperren? Das ist doch gemein!" habe ich gerufen. Aber meine Mutter hat gesagt, daß wir die Katze nicht einsperren, um sie zu ärgern.
„Wir sperren die Katze ein", hat sie gesagt, „um sie zu schützen. Heute ist nämlich Silvester. Da soll sie abends nicht mehr hinausgehen."
„Und warum?" habe ich gefragt. „Silvester ist doch schön!"
Mein Vater hat gelacht: „Wenn wir die Katze heute abend hinauslassen, dann kommt sie erst im nächsten Jahr wieder. Und das dauert viel zu lange."

Das sollte nur ein Witz sein. Den kenne ich aber schon. Weil mein Vater einmal am Silvesterabend gesagt hat: „So, jetzt esse ich erst im nächsten Jahr wieder etwas."
Aber das ist ja keine Kunst. Der Tag nach Silvester ist ja der erste Tag vom nächsten Jahr. Deshalb habe ich diesmal zu meinem Vater gesagt: „Mach doch keine Witze, die Katze ist morgen wieder da!"

Da hat mir meine Mutter erklärt, warum die Katze nicht hinaus sollte: „Durch die Knallerei und durch die Raketen werden die Tiere manchmal sehr erschreckt. Sie bekommen Angst und rennen und rennen. Aber es knallt und kracht überall, wohin die Katze auch rennen würde. Sie würde immer mehr Angst bekommen. Vielleicht würde sie auf die Straße laufen und unter ein Auto kommen. Oder sie verläuft sich und findet den Weg nicht zurück. Deshalb bleibt die Katze heute abend besser im Haus."
Mittags haben wir die Katze in den Garten getragen. Wir haben so lange gewartet, bis sie alles ge-

macht hatte, und dann haben wir sie mit dem Futtergeräusch wieder ins Haus gelockt.
Ich war richtig froh, als die Katze zurück war.
Am Abend haben wir das Wohnzimmer mit Girlanden und Luftschlangen geschmückt. Und wir haben Würstchen mit Kartoffelsalat gegessen. Danach bin ich ins Bett gegangen.
Kurz vor Mitternacht haben mich meine Eltern geweckt. Sie haben mich in eine Wolldecke gepackt und einen Sessel für mich direkt an das Wohnzimmerfenster geschoben. Es war noch ganz still. Aber dann, als das neue Jahr anfing, dann war toll was los. Erst haben die Kirchenglocken geläutet.
„Hör mal", hat mein Vater gesagt, „die läuten das neue Jahr ein."
Dann kamen die Knaller und Kracher, die Raketen und Leuchtkugeln. Mal war der Himmel rot und mal grün oder gelb. Es war wirklich toll. Aber plötzlich mußte ich an die Katze denken.
„Ist die Katze drinnen oder draußen?"
„Mach dir nur keine Sorgen", hat meine Mutter gesagt. „Die Katze ist im Haus."

Aber ich habe mir trotzdem Sorgen gemacht, und ich wollte wissen, wo die Katze war. Also habe ich sie gesucht. Im Sessel war sie nicht. Hinter dem Sofa war sie nicht. Auf der Fensterbank im Arbeitszimmer war sie nicht. In der Küche war sie nicht.

„Mama, Papa", habe ich gerufen, „die Katze ist weg!"

Und meine Eltern haben auch gesucht. Es hat eine ganze Zeit gedauert. Dann hat mein Vater leise gesagt: „Kommt mal mit! Ich weiß jetzt, wo sich die Katze versteckt hat."

Wir sind alle in den Flur gegangen und mein Vater hat auf den Garderobenschrank gezeigt.

Die Schranktür stand ein bißchen auf, und als ich vorsichtig hineinschaute, da habe ich die Katze gesehen. Sie hatte sich in die hinterste Ecke geduckt.

Ich wollte die Katze gleich herausholen und auf den Arm nehmen, aber meine Mutter hat gesagt: „Laß die Katze bloß in Ruhe. Sie ist verängstigt. Am besten wir lassen sie, wo sie ist, da fühlt sie sich jetzt am wohlsten."

Dann wollte ich mir wieder die Raketen anschauen. Aber inzwischen war überhaupt nichts mehr los. Alles war wieder dunkel. Nur ab und zu krachte es noch ein bißchen. Da war ich ziemlich enttäuscht. Und inzwischen hatte sich unser Hund auf meinen Sessel gesetzt.
Mein Vater hat gelacht: „Sieh mal", hat er gerufen, „der Phil hat sich die Neujahrsraketen angeschaut."

Dann haben wir unsere Gläser genommen, haben angestoßen und „Prost Neujahr!" gerufen.
Ich bin zu unserem Hund in den Sessel geklettert. Es war eng, aber gemütlich und ich habe gesagt: „Das neue Jahr fängt ja gut an."

Geschichte Nr. 17
Wie wir unserer Katze geholfen haben

Einmal, das war im letzten Frühjahr, bin ich plötzlich in der Nacht aufgewacht, weil in unserem Garten so ein komischer Krach war.
Es war so ein Fauchen und Jaulen und Knurren. Da habe ich gleich gewußt: Das sind die Katzen.

Mein Vater hatte mir nämlich erzählt, daß die Katzen manchmal nachts miteinander kämpfen. Ich habe den Rolladen von meinem Fenster ganz vorsichtig hochgezogen. Da habe ich sie gesehen: Drei Katzen balgten sich herum, und unsere lag immer unten drunter.
„Papa, Mama!" habe ich gerufen. „Kommt mal schnell! Zwei fremde Katzen verprügeln unseren Kater!"

Mein Vater ist gleich in den Flur gerannt. Da stand schon der Phil und wartete darauf, daß jemand die Terrassentür aufmachte. Kaum war die Tür auf, da fegte unsere Katze herein und unser Phil fegte hinaus und rannte kläffend hinter den anderen Katzen her.
Mein Vater stand im Schlafanzug auf dem Rasen.
Meine Mutter stand in ihrem dünnen Nachthemd auf der Terrasse.
Ich stand barfuß in der Diele.
Und unsere Katze saß hinter der Gardine und sah zu. Da hat mein Vater gesagt: „Wenn uns jetzt jemand sieht, der hält uns glatt für verrückt."

Dann sind wir alle in die Küche gegangen.
Der Phil bekam zur Belohnung ein bißchen Futter, weil er so tapfer war. Und die Katze bekam ein bißchen Futter, zum Trost dafür, daß sie verhauen worden war. Für uns hat meine Mutter Tee gekocht.
Und dann hatte ich Hunger, und mein Vater wollte auch noch etwas essen.

„Ja, unsere Katze", hat meine Mutter gesagt, „die sorgt immer für Abwechslung."
Wir saßen noch ein Weilchen in der Küche beisammen. Es war schon nach ein Uhr, also mitten in der Nacht, aber es war sehr gemütlich.

Geschichte Nr. 18
Warum wir die Katze nicht einsperren

Beim Frühstück habe ich meine Eltern gefragt: „Ist es für unsere Katze nicht gefährlich draußen?“ Mein Vater hat die Zeitung zusammengefaltet und hat mich angeschaut. „Wie meinst du das?“ hat er gefragt.
„Na, ist es nicht gefährlich, wenn die anderen Katzen sich auf unsere stürzen und sie verprügeln?“ Meine Mutter hat mir Tee eingegossen und hat gesagt: „Die anderen Katzen sind für unsere Katze nicht gefährlich. Aber die Autos. Die sind sogar sehr gefährlich.“

„Aber, warum sperren wir die Katze nicht ein, wenn das so gefährlich ist?“ habe ich gerufen. Mein Vater hat sich Milch in den Kaffee gegossen und hat

gefragt: „Glaubst du, daß die Katze dann glücklich wäre?"
„Nein", habe ich gesagt, „aber dann kann ihr wenigstens nichts passieren."
„Sieh mal, Kati", hat mein Vater erklärt, „Tante Inges Katze ist Tag und Nacht in der Wohnung eingesperrt. Wenn die mal Pipi machen muß, dann muß sie in eine Sandkiste springen und dort hineinmachen. Und wenn sie mal an die frische Luft soll, dann bekommt sie ein Halsband um und eine Leine und wird am Balkon festgebunden. Sicherlich lebt Tante Inges Katze länger als unsere. Aber glücklich ist die bestimmt nicht."
Und meine Mutter hat gesagt: „Weißt du, wenn unsere Katze irgendwann einmal stirbt, dann können wir uns damit trösten, daß sie ein schönes Leben hatte.
Unsere Katze kann auf Bäume klettern.
Unsere Katze kann Mäuse fangen.
Unsere Katze kann Schmetterlinge jagen.
Und sie kann überhaupt tun und lassen, was sie will. Und das ist das Wichtigste für eine Katze."

„Verstehst du das?“ hat mein Vater gefragt.
Und ich habe „hm“ gemacht. Dann habe ich gefragt, ob ich der Katze ein Ei auf den Teller geben darf und dem Hund auch: Damit sie beide ein schönes Leben haben.

Geschichte Nr. 19
Wie mein Vater mit der Katze geschimpft hat

Im Sommer haben wir immer viel Unkraut im Garten. Unter den Büschen, auf dem Rasen und auch dort, wo eigentlich nur Blumen wachsen sollen. Nur in der Ecke mit den Küchenkräutern, da rupft meine Mutter immer das Unkraut heraus.
Einmal hat mein Vater nämlich Schnittlauch für den Salat aus dem Garten geholt. Aber er hat nicht aufgepaßt und hat mit dem Schnittlauch auch viele lange Grashalme abgepflückt. Und meine Mutter hat gesagt: „Was soll ich denn mit dem Gras? Wir sind doch keine Kaninchen."
Seither achtet meine Mutter darauf, daß dort, wo die Küchenkräuter stehen, kein Unkraut wächst. Aber sonst nehmen wir es nicht so genau. Und die meisten Nachbarn auch nicht.

Ein paar Häuser weiter wohnt aber eine Frau, die es mit dem Garten ganz genau nimmt. Ihr Garten ist immer in Ordnung. Sie harkt und hackt, sie rupft und zupft den ganzen Tag.
Einmal, als die Frau gerade wieder dabei war, den Rasen zu harken, hat meine Mutter gerufen: „Also, ich möchte wissen, was die nun schon wieder macht!"
Mein Vater hat gelacht und hat gesagt: „Laß nur, ich glaube, die kämmt ihrem Rasen gerade einen Scheitel."

Neulich hat die Frau abends bei uns angerufen. Sie hat ganz laut geschimpft: „Also hören sie mal", hat die Frau zu meinem Vater gesagt, „so geht das aber nicht mit ihrer Katze! Die macht mir den ganzen Garten kaputt!"
„Aber wieso denn?" hat mein Vater ins Telefon gefragt, „was hat die Katze denn gemacht?"
„Was die Katze gemacht hat? Also neulich ist sie mir durch mein Erdbeerbeet getrampelt. Und gestern hat sie mir zwei Geranien umgeknickt."

„Na ja“, hat mein Vater gesagt.
„Aber ich will das nicht!“ hat die Frau gerufen. „Ich will das nicht, hören Sie? Ich will nicht, daß die Katze wie eine Wilde durch meinen Garten trampelt!“
„Na ja“, hat mein Vater noch einmal gesagt, „es tut mir ja auch wirklich leid. Aber wissen Sie denn überhaupt, daß das unsere Katze war? Hier gibt es ja noch mehr Katzen.“
„Ja, aber nur eine schwarze mit einem weißen Fleck auf der Brust. Und das ist Ihre“, hat die Frau gesagt. „Oder wollen Sie das bestreiten?“
„Nein“, hat mein Vater geantwortet, „das will ich nicht bestreiten. Aber ich weiß im Augenblick nicht so recht, was wir machen sollen. Wir können die Katze nicht Tag und Nacht einsperren.“
„Das ist mir egal. Das ist schließlich Ihr Problem, wenn Sie sich eine Katze anschaffen.“
„Sehen Sie mal, es tut mir ja auch leid“, hat mein Vater gesagt. „Wenn unsere Katze bei Ihnen im Garten wirklich einen kleinen Schaden angerichtet hat, dann sind wir natürlich gern bereit...“

Jetzt war die Frau erst recht wütend.
„Einen kleinen Schaden, sagen Sie? Durch die Erdbeeren ist sie mir getrampelt und ..."
„Na, na", hat mein Vater gesagt, „es ist ja nur eine kleine Katze und kein Elefant."
Aber da hat die Frau erst richtig losgelegt. Sie hat so laut gesprochen, daß mein Vater den Telefonhörer vom Ohr weghalten mußte. Dann hat er immer nur noch „hm" und „na ja" und „aber natürlich verstehe ich das" gesagt.
Als die Frau endlich fertig war, hat er noch einmal gesagt, daß es uns leid tut und daß wir natürlich für den kleinen Schaden aufkommen werden und daß er mit der Katze in Ruhe über das Problem sprechen will. Dann hat er den Hörer aufgelegt.

Er hat die Katze auf den Arm genommen und hat zu ihr gesagt: „Na, du kleiner Elefant, kannst du nicht woanders Bäume ausreißen?"

Geschichte Nr. 20
Wie die Katze Geburtstag gefeiert hat

Wenn ich Geburtstag habe, gibt es immer Erdbeertorte mit Sahne. Ich habe nämlich in Juni Geburtstag, und da sind die Erdbeeren reif.
Mein Vater hat einmal zu mir gesagt: „Du hast es gut!"
„Wieso?" habe ich gefragt.
Und mein Vater hat geantwortet: „Weil dein Geburtstag mitten im Jahr liegt. Da ist dauernd irgendein Fest. Erst ist Karneval, dann kommt Ostern, dann Pfingsten, dann dein Geburtstag, dann die Ferien und danach geht es mit Sankt Martin und Nikolaus weiter. Und dann ist bald Weihnachten. Da gibt es andauernd etwas zu feiern."
Zu meinem Geburtstag lade ich immer viele Freundinnen ein. Anja und Annette, Sandra, Christina,

Carolin, Francesca, Ute und manchmal noch mehr. Wenn gutes Wetter ist, spielen wir im Garten. Wir essen Kuchen und Salzstangen und Kartoffelchips. Meine Eltern spielen mit uns.
Zu meinem Geburtstag kommt auch meine Oma. Aber sie spielt meistens nicht mit. Sie sitzt lieber unter dem Sonnenschirm und sieht zu. Manchmal liest sie uns auch etwas vor.

In diesem Jahr habe ich viele Geschenke bekommen. Als die Geburtstagsgäste kamen, hat mein Vater zuerst einmal den Hund ins Zimmer gesperrt. „Weißt du", hat er gesagt, „manche Kinder haben vielleicht Angst vor Hunden."
Und er hat den Hund gestreichelt und hat ihm einen Hundekuchen geschenkt.
„Muß der Phil etwa den ganzen Nachmittag im Zimmer bleiben?" habe ich gefragt.
„Ach was", hat mein Vater geantwortet, „nur so lange, bis der erste Trubel vorbei ist."
„Und was ist mit der Katze?" habe ich gerufen.
„Die Katze sorgt schon für sich selbst", hat meine

Mutter gesagt. „Wenn es der zu bunt wird, dann verschwindet sie einfach."
Als alle Kinder da waren, haben Anja und ich den Hund aus dem Zimmer geholt. Und der Phil ist wedelnd herumgelaufen, hat alle Kinder abgeschnuppert und wollte gestreichelt werden. Unser Hund ist nämlich sehr kinderlieb. Alle haben sich über den Hund gefreut.
Nur Stefanie hat geschrien und hat gesagt, wir sollten den blöden Hund wieder wegbringen.
„Hör auf zu schreien", hat meine Mutter zu Stefanie gesagt, „du machst den Hund nervös."
Die Kinder wollten auch alle die Katze auf den Arm nehmen. Aber die Katze wollte nicht. Sie ist ins Wohnzimmer gelaufen und hat sich hinter das Sofa gelegt. Dort versteckt sie sich immer, wenn sie ihre Ruhe haben will.

Wir haben viele Spiele gemacht. Topfschlagen, Sackhüpfen und blinde Kuh. Es gab viele schöne Preise zu gewinnen.
Am schönsten waren die kleinen Heulpfeifen aus

Plastik. Als jeder eine davon gewonnen hatte, haben wir laut um die Wette geheult. Wir haben auch Eierlaufen gespielt. Aber nicht mit richtigen Eiern. „Nein, nein", hat meine Mutter gesagt, „mit Kartoffeln geht das genausogut."

Nach einer Weile habe ich unter das Sofa geschaut. Aber die Katze war nicht da.
„Es war ihr halt zu laut", hat mein Vater gesagt, „sicherlich kommt sie wieder, wenn alle gegangen sind."
Am Abend haben wir noch Würstchen gegrillt. Dann war die Geburtstagsfeier zu Ende. Alle waren satt, und alle waren müde, und keiner hatte mehr Lust zu spielen.
Als alle Kinder gegangen waren, hat meine Mutter gesagt: „So, Kati, das war ja ein wunderschöner Geburtstag. Aber nun geht's flott in die Badewanne und dann ins Bett!"
Ich war wirklich sehr müde, und ich bin ins Kinderzimmer gegangen, um mich auszuziehen. Aber dann bin ich schnell zu meinen Eltern zurückgelau-

fen und habe gerufen: „Ich bin sooo müde. Aber ich kann nicht ins Bett. Es geht einfach nicht!"
„Wieso?" hat meine Mutter gefragt.

Und mein Vater hat gesagt: „Mach jetzt bitte kein Theater!"
„Aber es geht wirklich nicht", habe ich gerufen. „Das Bett ist nicht frei, da liegt schon jemand drin!"
Meine Eltern sind mit mir ins Kinderzimmer gegangen, und da haben sie es selbst gesehen:
In meinem Bett lag die Katze!

„Also so etwas", haben meine Eltern gerufen. Sie wußten nicht, ob sie lachen oder schimpfen sollten.
Die Katze hat sich gerekelt und gestreckt. Dann hat sie zur Begrüßung die Augen ein bißchen zusammengekniffen und hat geschnurrt.
Ich habe die Katze auf den Arm genommen und habe mit ihr geschmust.
„Na, Muschichen", habe ich geflüstert, „hast du auch ein bißchen Geburtstag gefeiert?"
Da haben meine Eltern gelacht. Und meine Mutter hat zu meinem Vater gesagt: „Ich wollte das Bett sowieso bald neu beziehen. Hilfst du mir gleich mal?"

Geschichte Nr. 21
Wie die Katze keine Maus gefangen hat

Fast alle Nachbarn haben unsere Katze gern. Am meisten mag Frau Oldenburg die Katze. Sie lockt sie oft in ihr Haus. Mein Vater hat einmal zu Frau Oldenburg gesagt, daß sie die Katze nicht füttern soll.

„Warum denn nicht?" habe ich gefragt.

Da hat mir meine Mutter erklärt, warum es nicht gut ist, wenn die Katze bei anderen Leuten Futter bekommt.

„Dann weiß sie gar nicht so richtig, wo sie zu Hause ist", hat meine Mutter gesagt. „Und außerdem wissen wir nicht, wieviel Futter wir ihr noch geben sollen. Entweder steht dann bei uns das Futter herum, und die ganze Küche riecht danach, oder die Katze bekommt zu wenig. Dann fängt sie an,

Futter vom Tisch zu stehlen. Und das wollen wir auch nicht.“

Frau Oldenburg hat die Katze immer auf den Arm genommen. Sie hat gesagt: „Bei mir fühlst du dich wohl, nicht wahr? Du bist mein süßes kleines Kätzchen, nicht wahr?“

Als ich das gehört habe, habe ich gerufen: „Es ist unsere Katze. Warum nehmen Sie nicht selbst eine?“

„Aber wieso“, hat Frau Oldenburg gelacht, „unser Kätzchen hat mich doch so lieb, nicht wahr, Muschichen?“ Sie hat die Katze an sich gedrückt. Da hat die Katze geschnurrt, und ich habe mich geärgert.

Als ich es meinem Vater erzählt habe, hat er die Stirn gerunzelt. Er hat gesagt: „Die schafft sich nie eine Katze an. So ist es doch viel bequemer. Sie hat unsere Katze zum Schmusen. Aber wenn die Katze zum Tierarzt muß oder wenn sie nachts herein will, dann sind wir dafür zuständig.“

Meine Mutter hat gelacht: „Nun laß mal, wenigstens beschwert sie sich nicht, daß die Katze durch ihren Garten läuft. Außerdem lockt sie die Katze nur ins Haus, weil sie selbst so große Angst vor Mäusen hat."

Einmal ist wirklich eine Maus zu Frau Oldenburg ins Haus gelaufen. Die Maus hat sich hinter dem Schrank versteckt. Da hat Frau Oldenburg bei uns angerufen und hat gefragt, ob wir ihr die Katze ausleihen. Sie meinte, daß die Katze die Maus fangen würde.
„So ein Quatsch", hat mein Vater gebrummt. Aber er hat die Katze trotzdem auf den Arm genommen und hat sie zu der Nachbarin getragen.
Als er wieder zu Hause war, hat er sich in den Sessel gesetzt und hat sich geärgert.
„Das hätte ich nicht machen sollen", hat er gesagt. „Das klappt sowieso nicht."
Dann haben wir gewartet und gewartet. Als es schließlich schon ganz spät war, hat meine Mutter bei Frau Oldenburg angerufen. Sie hat gefragt, ob die Katze die Maus schon gefangen hätte.

Aber die Katze hatte die Maus nicht gefangen. Und die Nachbarin wollte die Katze auch gar nicht mehr haben.
Sie hat die Katze bis zu unserem Gartenzaun getragen. Da ist die Katze von ihrem Arm gesprungen und ist weggelaufen.
Dann haben wir wieder gewartet und gewartet. Als die Katze endlich nach Hause kam, war sie ganz staubig. Aber nur auf der einen Seite.
„Weißt du, was ich glaube?" hat mein Vater gefragt. „Ich glaube, Frau Oldenburg hat versucht, unsere Katze zu der Maus hinter den Schrank zu schieben."
„Ja, tatsächlich", hat meine Mutter gesagt, „deshalb ist die Katze so weiß und staubig. Das ist die Farbe von der Wand."
Und ich habe gerufen: „Also die hat wirklich keine Ahnung von Katzen!"
„Ja, und von Mäusen auch nicht", hat mein Vater gesagt. Aber wir haben nicht gelacht, wir haben uns geärgert.

Geschichte Nr. 22
Warum Katze und Hund vor dem Badezimmer warten

Unsere Katze mag gern: Futter aus der Dose, rohe Eier, Fisch, Pfannkuchen, Spaghetti und besonders gern frische Leber. Unsere Katze frißt nie Gemüse oder Obst, und sie frißt auch keine Würstchen mit Ketchup. Und was sie nicht mag, das läßt sie liegen.

Bei unserem Hund ist das anders. Der frißt alles, was wir ihm geben. Sein Teller ist immer leer. Unser Phil kann das Futter auch aus der Luft aufschnappen, wenn wir ihm etwas zuwerfen. „Aber, der ist nicht dumm“, hat meine Mutter einmal gesagt. „Wenn wir ihm irgend etwas Neues zuwerfen, das er noch nicht kennt, dann schnappt er es nicht. Dann läßt er es erst hinfallen und schnuppert dran.“

Besonders gern frißt unser Phil Pellkartoffeln. Da haben wir ein lustiges Spiel: Ich verstecke ihm eine Pellkartoffel im Garten, und dann rufe ich: „Phil, such!"
Unser Hund läuft in den Garten und schnüffelt so lange herum, bis er die Pellkartoffel gefunden hat. Aber er ist wirklich nicht dumm. Er stellt sich nämlich an die Terrassentür und paßt genau auf, in welche Richtung ich mit der Kartoffel gehe.

Mit unserer Katze ist auch etwas lustig: Wenn sie in der Küche ist und auf Futter wartet, dann legt sie sich manchmal flach auf den Fußboden und angelt mit den Vordertatzen unter den Kühlschrank. Sie holt Flusen und Wollfäden oder kleine Glaskugeln hervor, die unter dem Kühlschrank liegen.
Und meine Mutter sagt oft: „Das ist praktisch. Da komme ich nämlich mit dem Staubsauger nicht hin."
Und noch etwas ist lustig: Wenn mein Vater zur Toilette geht, dann setzt sich die Katze vor die Badezimmertür und wartet auf ihn. Am Anfang fand

mein Vater das sehr nett. Er hat zu der Katze gesagt: „Na, holst du mich ab?“ Und dann ist er in die Küche gegangen und hat ihr ein bißchen Futter gegeben.
So hat die Katze sich das angewöhnt. Nun wartet sie immer darauf, daß mein Vater ihr etwas gibt, wenn er aus dem Badezimmer kommt. Und sie bekommt auch immer etwas. Und der Phil auch, damit er nicht traurig ist.

Jetzt warten Hund und Katze immer zusammen auf meinen Vater, wenn er auf der Toilette ist. Neulich hat mein Vater zu ihnen gesagt: „Na, ihr verfressenen Viecher? Ich traue mich ja kaum noch aufs Klo!“

BAD
WC

Geschichte Nr. 23
Wie der Hund nicht hören wollte

Eines Tages hat mein Vater gesagt:
„Nächste Woche fahren wir in die Lüneburger Heide. Dort können wir viel wandern. Da wird der Phil sich freuen."
„Was machen wir mit der Katze? Nehmen wir die auch mit?" habe ich gefragt.
Meine Mutter hat geantwortet: „Die Katze bleibt hier. Mit Katzen kann man nicht verreisen."
Und ich habe gerufen: „Wer soll die Katze dann füttern?"
Mein Vater hat mir erklärt, daß schon alles geregelt ist und daß Frau Bärmann, die auch in unserer Straße wohnt, unsere Katze solange versorgt.
„Die Katze kann tagsüber sogar hier im Haus schlafen und abends läßt Frau Bärmann sie hinaus. Außerdem bleiben wir nur ein paar Tage."

Mein Vater und meine Mutter saßen vorn im Auto, und der Phil und ich, wir saßen hinten.
Jeder auf einer Seite.
Aber während der Fahrt kam der Hund immer weiter zu mir herübergerutscht. Bis es ganz eng war.
Da hat mein Vater geschimpft: „Phil, wirst du wohl sofort wieder auf deine Seite gehen!" Und der Phil hat sich wieder auf seine Seite gesetzt.
Aber dann ist er doch wieder zu mir herübergerutscht. Und diesmal hat meine Mutter geschimpft.
So ging das die ganze Fahrt.
Der Hund wollte nicht auf seinem Sitz bleiben.
Aber in Wirklichkeit fanden wir es alle lustig: Wenn der Phil ausgeschimpft wurde, ging er auf seinen Platz, und wenn er dachte, daß keiner auf ihn achtet, dann rutschte er wieder zu mir herüber.
„Der merkt, daß wir es nicht so ernst meinen", hat meine Mutter gesagt.

Geschichte Nr. 24
Warum ich im Dunkeln nicht wandern wollte

In der Lüneburger Heide kann man wirklich viel wandern, weil dort keine Autos fahren dürfen. Nur Pferdekutschen. Wir sind auch einmal mit einer Kutsche gefahren. Aber sonst sind wir gewandert, und der Phil ist immer vorausgelaufen.

Einmal sind wir sogar im Dunkeln gewandert. Mein Vater hat immer gesagt: „Siehst du, es wird gar nicht ganz dunkel. Der Mond leuchtet, und die Sterne leuchten. Außerdem gewöhnen sich die Augen an die Dunkelheit."
Aber ich hatte trotzdem ein bißchen Angst. Am nächsten Tag sind wir noch einmal denselben Weg gegangen, und ich habe gerufen: „Schaut mal, dieser Strauch sah gestern aus wie ein riesengroßes

Wildschwein! Und der Baum dort, der sah aus wie ein Mann mit Hut! Aber jetzt sehen sie ganz normal aus wie ein Baum und ein Strauch."

Wir sind auch einem Schäfer mit einer großen Schafherde begegnet. Ich habe noch nie so viele Schafe gesehen. Und rund um die Schafherde herum flogen ganz viele Vögel.
Mein Vater hat gesagt: „Wo so viele Schafe sind, da sind auch viele Fliegen. Und die Vögel schnappen nach den Fliegen. Deshalb schwirren sie so durcheinander."

Wir sind gewandert und gewandert, und mein Vater hat mir dabei Geschichten erzählt. Am Abend hat mein Vater gesagt: „Kati, ich habe gar nicht gewußt, daß du schon so weit wandern kannst."
Und meine Mutter hat zu ihm gesagt: „Und ich habe nicht gewußt, daß du so viele Geschichten kennst."
Am vorletzten Tag haben wir Geburtstag gespielt. Obwohl ich gar nicht richtig Geburtstag hatte,

habe ich ein schönes weiches Spielzeug-Lämmchen bekommen.
„Ist das Fell echt?“ habe ich gefragt.
„Nein, das ist Webpelz“, hat meine Mutter gesagt.
Da fand ich das Lämmchen noch netter.
Als wir wieder zu Hause waren, habe ich mich gefreut. In der Lüneburger Heide war es nämlich sehr schön, aber zu Hause ist es auch sehr schön.
Ich habe unsere Katze auf den Arm genommen und habe sie gestreichelt.
„Hast du uns vermißt?“ habe ich sie gefragt. Die Katze hat ganz laut „miau“ gemacht. Da haben wir gelacht, und mein Vater hat gesagt: „Die will etwas zu fressen haben.“

Geschichte Nr. 25
Wie die Katze mit uns gespielt hat

Unsere Katze versteckt sich gern. Einmal ist sie in einen großen leeren Karton gekrochen. Der Karton hatte an jeder Seite ein Loch, damit man ihn tragen konnte. Wir haben die Katze gesucht.
Als ich dicht am Karton vorbeigegangen bin, hat die Katze schnell eine Pfote aus dem Loch gestreckt und hat mir einen Klaps gegeben.
Ich habe mich umgeguckt, aber ich habe die Katze nicht gesehen. Als ich gerade weitergehen wollte, hat mir die Katze wieder einen Klaps gegeben. Da habe ich sie entdeckt.
Ich habe meine Mutter geholt, und wir sind absichtlich ganz dicht an dem Karton vorbeigegangen. Jedesmal hat die Katze versucht, uns einen Klaps zu geben. Das war wirklich lustig.

Da ist der Hund gekommen. Er hat gleich an dem Karton geschnuppert. Und die Katze hat ihm einen Klaps auf die Nase gegeben. Der Hund ist zurückgesprungen und hat gebellt.
Er wollte spielen.

Er wollte die Katze aus dem Karton locken. Aber die Katze kam nicht heraus. Da hat er wieder geschnuppert und hat wieder einen Nasenklaps bekommen. Das ging noch eine Weile so. Aber die Katze hat dem Hund nicht weh getan. Sie hat ihre Krallen nicht herausgestreckt.
Alles war nur ein Spiel.

Geschichte Nr. 26
Warum sich der Hund nicht aus dem Keller getraut hat

Unser Hund ist viel älter und viel größer als unsere Katze. Trotzdem hat er manchmal ein bißchen Angst vor ihr.
„Das liegt an den Krallen", hat mein Vater gesagt.
Ich war einmal mit meiner Mutter im Keller. Wir haben aufgeräumt. Der Hund ist hinter uns hergelaufen. Aber wir haben uns nicht um den Hund gekümmert. Da ist er wieder gegangen.
Nach einer Weile hat der Hund gemieft. Meine Mutter hat gesagt: „Bestimmt ist die Tür zu. Mach sie mal auf, Kati!"
Eigentlich hätte ich lieber weiter in den alten Sachen gewühlt. Da hat der Hund wieder gemieft. Und ich bin gegangen. Aber die Tür war gar nicht zu.

„Mama", habe ich gerufen, „die Tür ist offen, aber die Katze sitzt auf der obersten Stufe und läßt den Phil nicht vorbei!"
„Das gibt's doch nicht", hat meine Mutter gesagt und ist auch gekommen. „Also los, Phil", hat sie gerufen, „nun sei mal tapfer! Du wirst dich doch vor so einer kleinen Katze nicht fürchten!"
Die Katze saß in der Mitte der Stufe. Wenn der Hund rechts vorbei wollte, hat sie ihm mit der rechten Vorderpfote einen Klaps gegeben. Und wenn er links vorbei wollte, dann hat sie ihm mit der linken Vorderpfote einen Klaps gegeben.
Der Hund hat es mal hier und mal dort versucht. Aber er hat sich nicht an der Katze vorbeigetraut.

Da ist meine Mutter die Treppe hinaufgegangen und hat gesagt: „Geh mal zur Seite, du kleiner Streithammel, und laß den Hund durch!" Aber die Katze wollte auch meine Mutter nicht vorbeilassen.
„Na, na, nun werd mal nicht albern!" hat meine Mutter gesagt und hat die Katze auf den Arm genommen.

Geschichte Nr. 27
Wie der Hund mit uns spielt

Manchmal ist unsere Katze ein paar Tage lang weg. Anfangs haben wir uns darüber aufgeregt. Aber sie ist immer wiedergekommen.
„Na, erzähl mal", hat meine Mutter einmal zu ihr gesagt, „war's schön?" Die Katze hat nur geschnurrt und wollte schlafen.

Wenn die Katze nicht da ist, dann spiele ich viel mit dem Hund. Der Hund kann gut spielen. Zum Beispiel mit einem Luftballon. Ich werfe ihm einen Luftballon zu, und der Phil stubst ihn mit der Nase in die Luft.
Dann wartet er, bis der Ballon wieder herunterkommt und stubst und wartet und stubst und wartet.
Und immer so weiter. Er schafft es öfter als zehn-

mal hintereinander. Und noch nie ist ein Luftballon dabei kaputtgegangen.
Wenn wir im Garten sind, dann spielt der Phil meistens mit einem alten Tennisball. Den nimmt er in die Schnauze und schleppt ihn überall mit hin. Manchmal bellt er sogar mit dem Ball im Maul. Dann lacht mein Vater und ruft: „Phil, nimm den Schalldämpfer aus der Schnauze!"
Am liebsten hat der Hund es, wenn wir mitspielen. Dann rollt er uns seinen Ball vor die Füße und wartet, daß wir den Ball irgendwohin werfen. Aber der Ball ist so schmierig und voller Spucke, den mag keiner mehr anfassen. Irgendwann tun wir es dann doch, um dem Hund eine Freude zu machen.
Meine Mutter sagt zu mir: „Mit dem Hund spielen, ja. Aber immer hinterher die Hände waschen. Du siehst ja selbst, wo der sich überall leckt."
Das stimmt aber auch.
Und ich finde es eklig, wenn sich jemand von seinem Hund die Hände ablecken läßt oder wenn sich manche Leute von ihrem Hund ein Küßchen geben lassen.

Geschichte Nr. 28
Was der Hund im Wald gesucht hat

Vor ein paar Wochen habe ich radfahren gelernt. Jetzt kann ich ohne Stützräder fahren, und das macht mir Spaß. Anja kann auch ohne Stützräder fahren, aber Anja ist schon acht. Sie wohnt gegenüber von uns, und wir spielen oft zusammen.

Gestern haben wir eine Radtour gemacht: mein Vater, meine Mutter, Anja und ich. Der Hund durfte auch mit.
„Fahrt bloß anständig", hat meine Mutter gesagt, „immer hintereinander und schön auf der rechten Seite!"
Dann ging's los. Meine Mutter fuhr als erste. Dann kam Anja, danach ich, und am Ende fuhr mein Vater mit dem Hund. Der Hund läuft immer ganz dicht neben dem Fahrrad her, ohne Leine.

„Ist das nicht gefährlich?“ hat Anja gefragt.
„Nein“, hat mein Vater gesagt, „der Hund läuft ja rechts von mir. Da bleibt er die meiste Zeit auf dem Bürgersteig. Und außerdem ist der Hund gut erzogen und sehr folgsam.“
Aber die Leine nimmt mein Vater trotzdem immer mit.

Der Phil läuft sehr gern neben dem Fahrrad her. Er freut sich immer, wenn mein Vater sagt: „Komm, Phil, wir fahren Rad!“
„Das ist doch klar“, hat mir meine Mutter einmal erklärt, „Hunde sind Lauftiere. Wenn wir mit ihm spazierengehen, dann ist das eigentlich zu wenig für ihn. Außerdem gehen wir ihm viel zu langsam. Deshalb freut er sich immer so aufs Radfahren.“

Nach einer Weile haben wir angehalten, und der Phil hat überall rumgeschnüffelt und ins Gras gepinkelt. Zu Anja und mir hat mein Vater gesagt, daß wir ganz prima radfahren können und daß wir genausoschön in einer Reihe weiterfahren sollten.

„Warum muß der Phil immer hinterherlaufen?" hat Anja gefragt.
„Ja, warum fährst du mit ihm nicht voraus?" habe ich gefragt.
Mein Vater hat gelacht und hat gesagt: „Dann würde der Hund sich dauernd nach euch umgukken, oder er würde stehenbleiben und auf euch warten. Nein, nein, fahrt ihr nur voraus. Dann kann der Hund euch alle sehen und läuft viel ruhiger."
Wir sind also weitergefahren.
Plötzlich sind ein paar Regentropfen gefallen, und da habe ich gesehen, daß überall dicke graue Wolken am Himmel waren.
„Was machen wir nun?" hat meine Mutter gefragt, „sollen wir umkehren?"
„Weiter, weiter!" hat mein Vater gerufen, „vielleicht kommen wir noch trocken bis zum Wald."
Und es hat wirklich geklappt. Wir sind nur ein ganz kleines bißchen naß geworden.
Unter hohen Buchenbäumen haben wir angehalten. Wir haben unsere Räder an einen Baum gelehnt

und haben gewartet. Draußen rauschte der Regen, aber im Wald war es ganz trocken. Die Blätter der Buchen bildeten ein richtiges Dach. Es war ein bißchen dämmerig im Wald, aber ganz gemütlich. Erst haben wir die Plätzchen gegessen, die meine Mutter mitgebracht hatte. Dann haben wir mit dem Hund gespielt. Wir haben ein Holzstück geworfen, und der Phil hat es zurückgebracht.

„Der kann aber noch mehr", hat mein Vater gesagt. Er hat den Hund zu sich gerufen und hat ihm mit beiden Händen die Augen zugehalten. Zu uns hat er gesagt, daß wir das Holzstück verstecken sollten. Danach hat er den Hund losgelassen und hat gefragt: „Phil, wo ist das Holz?"
Der Hund ist losgelaufen und hat gesucht und gesucht, so lange, bis er das Holz gefunden hat.
Wir haben in die Hände geklatscht und haben ihn gelobt. Das haben wir immer eine ganze Zeitlang gespielt, und immer hat der Hund das Holz gefunden.
„Wie macht er das?" hat Anja gefragt.

„Sieh mal“, hat meine Mutter gesagt, „wir nehmen nur das Holz, das er schon in seiner Schnauze hatte. Da ist ein bißchen von seiner Spucke dran, und den Geruch kennt er. Er schnüffelt so lange herum, bis er den Geruch wiederentdeckt. Der Hund sucht also nicht mit den Augen wie wir, er sucht mit der Nase.“
Als es aufgehört hatte zu regnen, sind wir weitergefahren. Aber plötzlich hat mein Vater gerufen: „Wir müssen noch einmal zurück, ich habe die Leine liegengelassen.“
Also sind wir zurückgefahren. Mein Vater hat zu uns gesagt: „Wir wissen ja wo die Leine liegt, nämlich dort, wo wir die Räder abgestellt haben. Aber wir laufen dann nicht gleich dorthin. Der Phil soll seine Leine selbst suchen.“
Als wir wieder im Hochwald waren, haben wir angehalten, und mein Vater hat zum Phil gesagt: „Phil, wo ist deine Leine?“
Da ist der Phil gleich losgelaufen, er hat geschnüffelt und geschnüffelt, und dann hat er ein Holzstück angeschleppt.

Da haben wir alle gelacht.
Mein Vater hat gerufen: „Nein, Phil, nicht das Holz. Die Leine! Wo ist die Leine, Phil?“ Dabei ist er immer näher an den Baum herangegangen, an dem die Leine lag.
Der Phil ist herumgelaufen und hat geschnüffelt und geschnüffelt. Wir haben alle die Leine gesehen. Sie lag neben dem Baum, und der Phil ist einmal direkt an ihr vorbeigelaufen. Aber er hat sie nicht gefunden.
„Das schafft er nicht“, hat Anja gerufen.
„Er hat es ja auch nicht gelernt“, hat meine Mutter gesagt. „Er hat ja nur gelernt, Holzstücke zu suchen.“
„Ich glaube, der Hund ist einfach dumm“, hat mein Vater gesagt und hat die Leine aufgehoben.
Aber ich habe gerufen: „Wieso dumm? Vielleicht mag er die Leine nicht und läßt sie absichtlich liegen. Dann ist er nicht dumm, sondern sogar sehr klug!“
Und der Phil stand dabei. Er hatte sein Holz im Maul und hat uns alle angewedelt.

Geschichte Nr. 29
Wie wir Willi begegnet sind

Wir gehen jeden Tag mit dem Phil spazieren. Auch bei schlechtem Wetter.
„Was sein muß, muß sein“, hat mein Vater gesagt.
Im Wald sucht sich Phil immer ein dickes Holz. Das schleppt er nach Hause. Im Garten nagt er dann an dem Holz herum. Und wenn mein Vater den Rasen mähen will, muß er zuerst alle Holzstücke aufsammeln und sie zur Seite legen.

Einmal sind wir im Wald einer Frau begegnet, die hat ihren Hund in der Einkaufstasche spazierengetragen. Und uns hat sie gefragt: „Warum lassen Sie den Hund so ein schweres Holz schleppen?“
„Das macht der Hund von alleine, der arbeitet gern“, hat meine Mutter geantwortet.
„Das glaub' ich nicht“, hat die Frau gesagt, „ich

glaube, Sie sind richtige Tierquäler, weil Sie den Hund immer Hölzer schleppen lassen."
Inzwischen hatte der Phil sein Holz weggelegt. Er ist zu der Frau gegangen und hat den Hund in der Einkaufstasche beschnuppert.
„Igitt, igitt", hat die Frau geschrien. „Nehmen Sie ihren Hund da weg. Der will meinen Willi beißen!"
„Ach wo", hat meine Mutter gesagt, „der will Ihren Hund nur begrüßen."
Und mein Vater hat gelacht. „Lassen Sie ihren Willi ruhig aus der Einkaufstasche heraus! Dann können die Hunde richtig miteinander spielen."
Aber die Frau hat geschrien: „Was denken Sie! Da könnte sich mein Willi ja schmutzig machen."
„Nehmen Sie es mir nicht übel", hat mein Vater zu ihr gesagt, „aber ich glaube, Sie haben wirklich keine Ahnung von Hunden."

„So eine Frechheit!" hat die Frau gerufen.
Sie hat sich zu dem Hund in der Einkaufstasche hinuntergebeugt und hat gefragt: „Du hast es doch gut bei mir, nicht wahr, Willi?" Und dann hat sie

uns noch einmal wütend angeschaut und ist weitergegangen.

„Lassen Sie den Hund ruhig selber laufen", habe ich ihr nachgerufen, „der Hund hat mehr Beine als Sie!"

„Genau", haben meine Eltern gesagt.

Geschichte Nr. 30
Wie die Katze gestorben ist

Als ich gestern morgen zu meinen Eltern ins Schlafzimmer kam, hat mein Vater mich zu sich ins Bett geholt.

„Ich muß dir jetzt etwas erklären“, hat er gesagt, „etwas, das sehr traurig ist.“ Er sah ernst aus und hat mich ganz dicht zu sich herangezogen. „Ist dir nicht aufgefallen, daß die Katze schon seit ein paar Tagen nicht heimgekommen ist?“

„Ja“, habe ich gerufen, „aber die kommt wieder!“

Mein Vater hat seinen Arm um mich gelegt und hat gesagt: „Nein, Kati, die Katze kommt nicht wieder.“

Ich habe aufgeregt gerufen: „Das weißt du ja nicht!“

Aber mein Vater hat ganz ruhig gesagt: „Doch, das weiß ich. Die Katze ist tot.“

Mir wurde es plötzlich ganz kalt und ich habe gezittert. Ich war wütend auf meinen Vater und habe noch einmal gerufen: „Das weißt du ja gar nicht! Woher willst du das wissen? Du hast sie ja nicht gesehen!“
Mein Vater hat seine warme Decke um mich gelegt, hat mich noch dichter zu sich herangezogen und hat leise gesagt: „Doch, ich habe sie gesehen. Sie lag gestern tot im Garten, und ich habe sie beerdigt.“

Dann hat er mir erzählt, was die Katze für ein schönes Leben hatte, und wie nett wir immer zu ihr waren. Und dann hat er sich zur Seite gedreht.
Vielleicht hat er ein bißchen geweint.
Ich weiß es nicht.
Aber er hat ganz ruhig weitergesprochen. Und ich war sehr traurig, aber ich habe nicht geweint. Ich wollte wissen, woran die Katze gestorben ist.
Mein Vater hat geantwortet, daß er es auch nicht weiß. „Die Katze lag im Garten, als ob sie schlief. Ganz ruhig.“ Und dann hat er noch gesagt: „Ich glaube nicht, daß sie Schmerzen hatte, sonst hätten

wir sie bestimmt miauen gehört. Vielleicht hat die Katze irgendwo Gift gefressen. Verletzt war sie jedenfalls nicht."

Meine Mutter hat für uns alle Tee gekocht, den haben wir im Bett getrunken. Wir waren alle sehr traurig. Aber es war trotzdem gut zu wissen, daß die Katze so ein schönes Leben bei uns gehabt hatte. Danach hat mir mein Vater im Garten gezeigt, wo er die Katze beerdigt hat.
Später habe ich ihn gefragt, warum er mir die tote Katze nicht vorher noch gezeigt hat. Ich habe noch nie ein totes Tier gesehen. Nur einmal die Maus, die unsere Katze gefangen hatte. Und als ich über alles so nachdachte, da habe ich doch noch geweint. Mein Vater hat mich auf den Arm genommen und hat gesagt: „Es ist schöner für dich, wenn du dich an die Katze so erinnerst, wie sie lebendig war." Aber ich hätte die tote Katze trotzdem gerne noch einmal gesehen.

Geschichte Nr. 31
Wie es weitergehen könnte

Zuerst habe ich immer noch nach der Katze geschaut, wenn ich die Rolläden hochgezogen habe. Obwohl ich wußte, daß die Katze nicht mehr da war. Aber dann habe ich mich daran gewöhnt. Und ich habe öfter mit dem Hund gespielt als früher. Unser Hund ist wirklich sehr nett, aber auf den Arm nehmen kann man ihn nicht.
Dafür ist er viel zu groß.

Manchmal fällt mir plötzlich unsere Katze wieder ein. Dann denke ich: „Hier auf diesem Sessel hat sie oft geschlafen.“ Oder: „Dort hat sie immer aus dem Fenster geschaut.“ Und dann hole ich das Fotoalbum und schaue mir die Katzenbilder an.
Wir haben viele Katzenbilder, denn damals, als wir die Katze noch hatten, da hat mein Vater einen

neuen Fotoapparat zum Geburtstag bekommen. Er hat damals viele Bilder gemacht. Die Katzenbilder sind schön, und ich weiß nicht, ob ich traurig oder froh bin, wenn ich sie mir anschaue.
Mein Lieblingsbild ist das, wo ich zwischen Hund und Katze sitze und beide streichle. Ich weiß noch, wie die Katze geschnurrt hat.

Zuerst habe ich immer gefragt: „Warum schaffen wir uns keine neue Katze an?"
Meine Mutter hat mir erklärt: „Jetzt gibt es keine ganz jungen Kätzchen. Die gibt es nur im Frühling."
„Und warum nehmen wir keine ältere?" habe ich gerufen.
„Weil wir einen Hund haben. Hund und Katze gewöhnen sich am besten aneinander, wenn das Kätzchen noch ganz klein ist."
Ich weiß, daß meine Eltern oft in den Zeitungsanzeigen nachschauen, ob irgendwo junge Katzen verschenkt werden. Aber wir haben trotzdem keine Katze mehr bekommen.

Heute sind meine Eltern in die Stadt gefahren. Und ich habe mit Phil gespielt. Als sie wiedergekommen sind, hat der Phil ganz aufgeregt an Papas Jackentasche geschnüffelt, und dann hat er gefiept.
Mein Vater hat gerufen: „Schau mal, Kati, was ich in der Tasche habe!"
„Eine Katze, eine Katze!" habe ich gerufen, und

meine Mutter hat gelacht und hat gesagt: „Nein, keine Katze. Es ist wieder ein Kater!"
Ich habe mit der Katze geschmust, und der Phil ist immer an mir hochgesprungen, obwohl er das eigentlich nicht darf. Dann habe ich die Katze auf den Fußboden gesetzt. Da hat der Phil sie beschnuppert. Dann hat er sich auf den Rücken gelegt und hat mit der kleinen Katze gespielt.
Mein Vater hat gerufen: „Phil, du bist wirklich ein komischer Hund!" Und die kleine Katze hat richtig geschnurrt. Dann hat sie auf den Teppich gepinkelt. Aber gefreut haben wir uns trotzdem.